Gegenüber der Fähigkeit, die Arbeit eines einzigen Tages sinnvoll zu ordnen, ist alles andere im Leben ein Kinderspiel.
—Johann Wolfgang von Goethe

Los geht's

■ Wir sind verschieden. Wir – die Autoren dieses Quadros – sehen und erleben die Welt ganz unterschiedlich. Christoph ist Mann, Kerstin ist Frau. Sie ist Single, er teilt sein Leben mit seiner Frau und drei Kindern. Beim DISG-Profil hat Christoph bei »dominant« die höchste Punktzahl, Kerstin bei »initiativ«. Passend dazu lebt sie im quirligen Berlin, Christoph im beschaulichen Würzburg. Zu seinen Stärken zählt er die Fähigkeit zur flexiblen Zielorientierung, die konsequente Umsetzung und die Fähigkeit, anderen in diesen Bereichen helfen. Kerstins Stärken sind ihr Ideenreichtum, ihre Kreativität und die Fähigkeit, Neues zu entwickeln und umzusetzen. Beide sind Autoren und Coaches, doch Kerstins Hauptaufgabe liegt im Führen des Down to Earth Verlages, während Christoph die meiste Zeit damit verbringt, Menschen zu beraten und zu begleiten.

Trotz aller Unterschiedlichkeit haben wir festgestellt, dass die gleichen Bücher und Prinzipien uns geprägt und geholfen haben, unseren Arbeitsalltag in den Griff zu bekommen. Wenn diese Prinzipien so unterschiedlichen Menschen wie uns beim Ordnen und Gestalten helfen, dann sind sie sicher auch für andere gesund und nützlich, dachten wir uns. Und entschieden uns, in diesem Quadro die wichtigsten und hilfreichsten Prinzipien für effektives Arbeiten, die wir kennen, vorzustellen.

In Teil 1 schreibt Kerstin über Grundsätzliches: Haltungen, die uns helfen, unsere Arbeit gut anzugehen. Sie erläutert auch, wie man die Woche und die einzelnen Tage so gestalten kann, dass man die nötige Energie für die anstehenden Aufgaben findet.

In Teil 2 erklärt Christoph, wie man die richtigen Ziele erkennt und definiert und dann umsetzt. Das ist nicht nur für Selbstständige wichtig – auch Angestellten macht es das Leben leichter, wenn Ziele klar sind und sie eine gute Vorstellung haben, wie sie das gewünschte Ziel erreichen können. Dazu gehört auch, die eigenen Fortschritte festzuhalten und zu feiern.

In Teil 3 wird es dann ganz praktisch: Kerstin erklärt, wie man Arbeitsplatz und Aufgaben effizient ordnet. Sie gibt viele praktische Tipps, die den Arbeitsalltag erheblich erleichtern – egal ob man am Computer sitzt oder eine Familie managt.
Und schließlich rundet Christoph das Quadro in Teil 4 mit Impulsen zur Gestaltung von Arbeitsprozessen und Zeitabläufen ab und erläutert, welchen Sinn wöchentliche Rückblicke haben.
Kurz: In diesem Quadro findest du eine Vielzahl erprobter Strategien, die dir das Arbeiten und Leben leichter machen können.
Natürlich sind wir nicht perfekt. Auch wenn wir uns viele der hier beschriebenen Handlungsweisen stabil angeeignet haben, kommt es in besonders stressigen Zeiten schon mal vor, dass es nicht so gut klappt, sie umzusetzen. Was uns Autoren hier bei aller Unterschiedlichkeit verbindet, ist, dass wir in Franken groß geworden sind und die Gelassenheit dieser Volksgruppe auch uns zu eigen ist.

Wenn etwas nicht perfekt ist, regt man sich in Franken nicht allzu sehr auf. Man sagt vielmehr: »Des basst scho« (Das ist so schon in Ordnung). Statt uns mit Perfektionismus und unrealistischen Erwartungen selbst unter Druck zu setzen, gehen wir lieber mit einer Haltung der Gelassenheit mit uns selbst und den Dingen um. Auch das gehört zum entspannten Arbeiten.

Wir wünschen dir zielstrebiges und entspanntes Arbeiten.

—Christoph Schalk
christophschalk.com

—Kerstin Hack
kerstinhack.de

P.S. Wenn dir die Arbeit über den Kopf wächst oder wenn du verhindern möchtest, dass das geschieht, stehen wir dir beide als Coaches zur Verfügung. Vor Ort in Berlin und Würzburg. Oder am Telefon.

Tipps zur Anwendung

■ Dieses Quadro ist in 28 Kapitel aufgeteilt. Du kannst vier Wochen lang täglich einen Abschnitt lesen und umsetzen.

■ Jedes Kapitel ist in sich abgeschlossen. Du kannst dir also zuerst die Kapitel durchlesen, die dich am meisten interessieren. Dann ist es sinnvoll, das Heft der Reihe nach durchzuarbeiten.

■ Durchlesen alleine reicht nicht, wenn du wirklich weiterkommen willst. Wir empfehlen: Nimm dir für jeden Tag tatsächlich nur einen Abschnitt vor und arbeite ihn intensiv durch.

■ Am Ende jedes Abschnittes findest du Fragen. Nimm dir Zeit, darüber nachzudenken und sie detailliert zu beantworten. Was schriftlich ist, wird konkret. Deshalb empfehlen wir, die Antworten aufzuschreiben und zu notieren, wie du die Impulse umsetzen möchtest.

■ Du kannst für die Notizen ein einfaches Notizbuch verwenden oder *Mein Quadro*, das speziell für die Quadro-Serie entwickelt wurde.

■ Setze die Handlungsimpulse zeitnah um. Was du selbst ausprobiert hast, prägt sich tiefer ein als Dinge, die du nur liest. Wiederhole die Handlungen so oft wie nötig – bis sie in Fleisch und Blut übergegangen sind.

■ Wer passiv konsumiert, bleibt passiv. Frage dich nach jedem Lesen: Wenn ich jemandem erzählen würde, was der wichtigste Impuls war – wovon würde ich berichten?

■ Rede mit Kollegen und Freunden darüber – dadurch verankert es sich besser und wirkt nachhaltiger. Ihr könnt euch auch bei der Umsetzung unterstützen.

■ Bleibe gelassen, wenn sich neue Handlungsweisen nicht so leicht festigen lassen. Änderungen geschehen nicht von heute auf morgen. Erlaube dir, in deinem eigenen Tempo dazuzulernen.

■ Mach dir eine Liste der Haltungen und Tools (nicht mehr als 2-5), die dir besonders wichtig sind. Konzentriere dich auf diese Bereiche. Nimm diese Liste mehrmals im Jahr zur Hand, um zu beobachten, was du dazugelernt hast.

Woche 1 • Meine Zeit und ich

1.1

Heute arbeiten

Macht euch keine Sorgen um den nächsten Tag! … Es genügt, dass jeder Tag seine eigene Last mit sich bringt.
—Jesus in Matthäus 6,34

■ Vor kurzem zeigte mir eine Frau ihren renovierten Bauernhof. Sie erzählte mir, was sie alles schon umgebaut und neu gemacht haben und was sie noch verändern und gestalten wollen. Es wurde deutlich: Arbeit gibt es immer genug. Wenn man an der einen Stelle fertig ist, fängt die Arbeit an der nächsten Stelle an.

Arbeit an und für sich ist gut. Der berühmte Glücksforscher Mihály Csíkszentmihályi hat festgestellt, dass Menschen besonders häufig Glücksmomente erleben, wenn sie arbeiten. Es erfüllt sie mit Freude, mit etwas beschäftigt zu sein und zu gestalten.

Wieso sind wir dann so oft von der Arbeit gestresst? Es ist weniger die Arbeit, die uns anstrengt, als unsere sorgenvollen Gedanken: Werde ich alles schaffen? Kann ich den Zeitplan einhalten? Hoffentlich bin ich gut genug!

Wem es gelingt, diese Gedanken auf die Seite zu schieben und sich auf die aktuelle Tätigkeit zu konzentrieren, der kann gut arbeiten. Hier kann die Schöpfungsgeschichte inspirieren. Dort wird Gott als schöpferisch Handelnder beschrieben. Er geht einen großen Berg von Arbeit – eine ganze Welt zu erschaffen – gelassen an. Er macht nicht alles auf einmal, sondern erledigt jeden Tag einige klar abgegrenzte Aufgaben. Er lässt sich nicht von dem noch nicht Erledigten hetzen, sondern blickt am Ende jedes Tages dankbar auf das zurück, was er an genau diesem Tag geschaffen hat. Und kommt zu dem Ergebnis: »Siehe, es war sehr gut.«

■ **Denk mal**

Wie viel Zeit verbringst du damit, dir Sorgen um Anstehendes zu machen? Wie kannst du das reduzieren?

■ **Mach mal**

Lies einmal die Schöpfungsgeschichte in 1. Mose 1 und lass dich von ihrem ruhigen Rhythmus inspirieren.

1.2

Die äußere Freiheit bleibt begrenzt,
aber die innere ist unendlich.
—Hans-Jürgen Baden

Freiheit: Ich muss nicht

■ »Du musst nicht arbeiten. Das einzige, was du im Leben musst, ist sterben. Alles andere ist eine Frage der Entscheidung.« Ein Sturm der Entrüstung brach los, als ich diesen Satz bei einem Seminar äußerte. »Ich muss doch arbeiten, um meine Familie zu ernähren!« »Nein, du entscheidest dich, zu arbeiten, weil du gerne deine Familie ernähren willst.«

Für viele Teilnehmer war das ein gewaltiger Paradigmenwechsel. Aber es ist wahr: Wir müssen gar nichts, nur irgendwann sterben. Davor ist alles – auch das Arbeiten – eine Wahl, die wir treffen.

Wir entscheiden uns, zu arbeiten, weil uns das lieber ist, als zu Hause herumzuhängen und kaum Geld zu haben. Wir entscheiden uns, in einer ungeliebten Arbeitsstelle zu bleiben, weil wir das lieber tun, als das Risiko eines Stellenwechsels einzugehen. Wir entscheiden uns, Überstunden zu machen, um mit der Arbeit fertig zu werden, weil wir keinen Ärger mit unserem Chef haben wollen.

Wer sieht, dass er gar nichts tun muss, sondern immer zwischen verschiedenen Optionen wählt, gewinnt Freiheit. Er kann überlegen, wieso er eine bestimmte Handlungsweise wählt und was die Alternativen wären. Ich muss nicht einkaufen, aber ich tue es, weil ich keine leeren Kühlschränke und unfreiwilligen Fastenzeiten mag. Wer sich dieser Freiheiten bewusst ist, hat innerlich viel mehr Stärke als der, der sich als Opfer sieht. Er kann sagen: »Ich muss gar nichts. Ich muss nicht arbeiten, aber ich wähle es, weil ….«

■ **Denk mal**

Wo dachtest du bisher: »Ich muss«? Was wäre die Alternative, wenn du es nicht tust?

■ **Mach mal**

Beobachte dich. Wie oft sagst du: »Ich muss das tun«? Überlege, was deine Wahlmöglichkeiten sind.

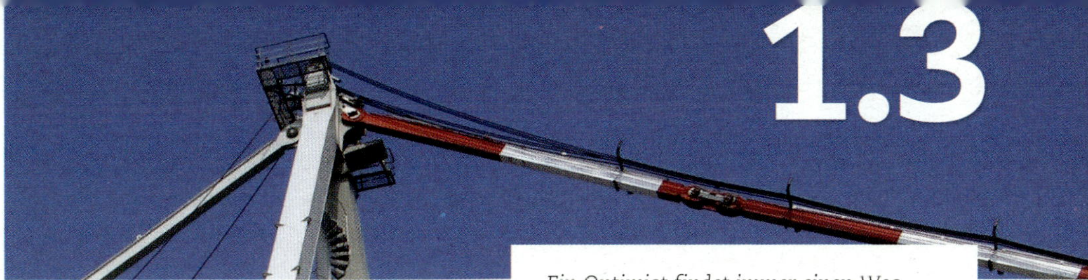

1.3

Perspektive

Ein Optimist findet immer einen Weg.
Ein Pessimist findet immer eine Sackgasse.
—Napoleon Hill

■ Drei Steinmetze, die an einer Baustelle beschäftigt waren, wurden von einem Passanten gefragt: »Was macht ihr da?« Der erste sagte: »Ich behaue Steine.« Der zweite antwortete: »Ich arbeite an einem Torbogen.« Der dritte erklärte: »Ich helfe dem berühmten Baumeister Christopher Wren, eine Kathedrale zu bauen.« Man kann sich denken, wer mehr Sinn und Befriedigung aus seiner Arbeit gezogen hat.

Jeder Mensch – wenn er nicht gerade als Drogendealer arbeitet – trägt durch seinen Job dazu bei, das Leben anderer zu bereichern. Er hilft quasi dem großen Baumeister des Lebens dabei, Menschen zu ernähren, sie zu kleiden, zu belehren, zu transportieren und vieles mehr.

Man hat die Wahl, ob man sagt: »Ich produziere Schrauben«, oder: »Ich trage dazu bei, dass Menschen Dinge befestigen können.« Ob man sagt: »Ich verkaufe Kleider«, oder: »Durch meinen Job können andere Menschen sich schön kleiden und ihre Persönlichkeit ausdrücken.«

Je weiter die Perspektive ist, umso beglückender wird die Arbeit empfunden, selbst wenn es monotone Tätigkeiten wie Windeln wechseln (»Ich unterstütze ein Kind dabei, gesund zu leben.«) oder Ablage sind (»Ich trage dazu bei, dass andere sich zurechtfinden.«). Egal ob man Computer programmiert oder Brötchen verkauft – es ist befriedigend, zu wissen, dass man durch die eigene Tätigkeit das Leben anderer bereichert. Und man kann es auch anderen sagen: »Durch das, was du tust, bereicherst du mein Leben.«

■ **Denk mal**

Wie bereichern andere durch ihre Berufe dein Leben? Wie trägst du durch deinen Job zu ihrem Leben bei?

■ **Mach mal**

Schreibe bei zehn Tätigkeiten, die du nicht gerade liebst, auf, wie sie dein Leben oder das Leben anderer bereichern.

1.4 Motivation

Lebenskunst besteht darin, die eigene Natur mit der eigenen Arbeit in Einklang zu bringen.

—Luis de León

■ Wenn man motiviert ist, etwas zu tun, vergeht die Zeit wie im Flug. Fehlt die Motivation, etwas anzupacken, vergeht die Zeit quälend langsam und man kommt dennoch nicht vorwärts.

Motivation setzt sich aus drei Komponenten zusammen: dem Sinn, den Fähigkeiten und dem Umfeld. Wenn man den Sinn einer Aufgabe erkennen kann, geht man meist mit mehr Freude an sie heran als an Tätigkeiten, die man für sinnlos hält. Auch die Fähigkeiten tragen zur Motivation bei. Ich (Kerstin) schreibe gern, weil ich darin geübt bin. Am Computer Programme zu installieren liegt mir weit weniger, weil mir die dafür nötige Fachkenntnis fehlt.

Und schließlich spielt das Umfeld eine Rolle. In einer angenehmen Umgebung mit Menschen, die ermutigen und unterstützen, fällt die Arbeit leichter als anderswo.

Auf allen drei Ebenen kannst du ansetzen, wenn du deine Motivation steigern möchtest. Du kannst dir überlegen, welchen Sinn du in einer Tätigkeit siehst. Das ist oft eine Frage der Perspektive. Vielleicht findet jemand es sinnlos, aufwändig zu kochen, weil ohnehin alles gleich wieder aufgegessen ist. Eine andere Person sieht das Kochen als Möglichkeit, der Familie schöne Zeiten zu schenken.

Weiterhin kannst du deine Fähigkeiten erweitern. Je besser man etwas kann, umso motivierter wird man sein. Und schließlich kannst du überlegen, wie du dein Umfeld so verändern kannst, dass du es als angenehmer erlebst.

■ **Denk mal**

Für welche Tätigkeiten bist du motiviert, für welche nicht? Was genau macht den Unterschied aus?

■ **Mach mal**

Bewerte bei zehn Tätigkeiten auf einer Skala von 1 (wenig) bis 10 (hoch) den Sinn, deine Fähigkeiten und das Umfeld. Was fällt dir auf?

1.5 Handlungsraum

Er macht einen beladenen Eindruck:
So vieles trägt er anderen nach.
—Beat Rink

■ Der blöde Chef, die inkompetenten Mitarbeiter, die undankbaren Kinder, das doofe Wetter, der nervige Computer – die Liste der Dinge, über die wir uns beschweren, ist häufig sehr lang. Doch jeder Moment des Klagens raubt uns Kraft.

Wer sich auf das konzentriert, worauf er keinen Einfluss hat, wird frustriert und depressiv. 20 Prozent aller Menschen, die ihren Vorgesetzten für inkompetent halten, entwickeln innerhalb eines Jahres depressive Verstimmungen. Was aber kann man in einer solchen Situation tun?

Wenn dich ein Verhalten stört, kannst du den anderen – in freundlichem Tonfall – in vier Stufen darauf aufmerksam machen.

1. **Hinweis:** »Fällt Ihnen eigentlich auf, wie laut Sie gerade sprechen?«, oder: »Ist Ihnen bewusst, dass Sie mir keine klaren Zielvorstellungen genannt haben?« Viele Menschen machen sich über ihr Verhalten keine Gedanken und ein Hinweis genügt häufig schon, um Änderung herbeizuführen.
2. **Bitte:** Wenn das nichts bewirkt, kann man um eine Änderung bitten: »Bitte sprechen Sie etwas leiser, ich verstehe Sie gut.«
3. **Forderung:** Genügt das ebenfalls nicht, kann man deutlicher werden: »Ich möchte nicht, dass Sie in diesem Tonfall mit mir sprechen.«
4. **Konsequenz:** Bleibt auch das ohne Erfolg, kann man sagen: »Ich möchte nicht, dass Sie so mit mir umgehen. Ich verlasse jetzt den Raum.«

Man kann – wenn man es wagt – oft mehr erreichen, als man für möglich hält.

■ **Denk mal**

Worüber beschwerst du dich am häufigsten? Wo ist dein Spielraum, daran etwas zu ändern?

■ **Mach mal**

Übe einen Tag lang, nur Dankbarkeit auszudrücken – in deinen Gedanken und wenn du mit anderen sprichst.

Wochenenergie

Wandel und Wechsel liebt, wer lebt.
—Richard Wagner

■ Wer für jeden Tag Kraft haben will, sollte seine Woche so gestalten, dass sie energiespendende Momente enthält. Vor einigen Jahren habe ich (Kerstin) intensiv die Schöpfungsgeschichte in 1. Mose 1 studiert und Faszinierendes entdeckt: Jeder Wochentag hat einen anderen Schwerpunkt.

Tag 1: Explosive Kreativität
Tag 2: Beruhigende Ordnung
Tag 3: Erfolgreiche Produktivität
Tag 4: Gesunder Rhythmus und Höhepunkte
Tag 5: Energiespendendes Leben
Tag 6: Beziehungen und Rückblick
Tag 7: Kraftspendende Ruhe

Mir wurde klar: All diese Aspekte braucht man zum Menschsein, wenn man nicht nur die Arbeit erledigen, sondern ganzheitlich Mensch sein will. Daraus habe ich dann das Swing-Konzept für ein Leben in Balance entwickelt (siehe S. 38). Wissenschaftler – wie etwa der Ökonom Max-Neef – , die über die Grundbedürfnisse der Menschen forschen, kamen auf ähnliche Bedürfnisse wie die oben genannten. Man kann nicht dauerhaft auf die Erfüllung eines oder mehrerer Bedürfnisse verzichten, wenn man kraftvoll leben will. Es nützt nichts, viele Highlights zu haben, wenn dabei Ruhe und Beziehungen fehlen. Oder permanent kreativ zu sein, aber im Chaos zu versinken. Wenn auf Dauer eines der Elemente fehlt, zerfranst man innerlich und wird ausgelaugt. Wer kraftvoll leben will, sollte darauf achten, dass alle Bedürfnisse Raum finden – z.B. verteilt auf die Wochentage.

■ **Denk mal**

Welche Grundbedürfnisse kommen bei dir immer wieder zu kurz? Wie kannst du mehr Raum für sie schaffen?

■ **Mach mal**

Schreibe zu jedem vernachlässigten Bedürfnis zehn Ideen auf, wie du es stillen kannst.

Sorge nicht, wohin dich der einzelne Schritt führt: Nur wer weit blickt, findet sich zurecht.

—Dag Hammerskjöld

Tagesenergie

■ Auch der einzelne Arbeitstag gewinnt an Kraft, wenn du bei seiner Gestaltung deine Grundbedürfnisse berücksichtigst. Du kannst das zum Beispiel so machen:

Kreativität: Lenke den Blick auf die große Perspektive (siehe 1.3) und überlege, was du an diesem Tag gestalten möchtest. Schon einige Momente geben Kraft.

Ordnung: Notiere dir die wichtigsten Aufgaben des Tages, plane die Umsetzung.

Produktivität: Tue, was du tun willst. Konzentriert und effektiv.

Rhythmus und Höhepunkte: Achte auf deine Leistungskurve. Mache eine Pause, wenn du merkst, dass die Energie schwindet. Gönne dir auch ab und zu etwas Besonderes – einen Blick aus dem Fenster oder ein schönes Getränk.

Energiespender: Wenn du müde wirst, verzichte, wenn möglich, auf Aufputschmittel. Sorge stattdessen für neue Energie – durch Bewegung oder ein Nickerchen.

Rückblick: Schau an, was du an diesem Tag gestaltet hast. Sei dankbar und lobe dich.

Beziehungen: Nimm dir Zeit für die Menschen um dich herum. Bei der Arbeit und danach.

Kraftspendende Ruhe: Lasse den Tag entspannt ausklingen und gönne dir ausreichend Schlaf.

Tage, die so gestaltet werden, sind befriedigend. Besonders wichtig ist die Perspektiv- und Planungsphase zu Beginn. Tage, die auf diese Weise bewusst gestaltet sind, gehen sinnvoll mit den eigenen Energiereserven um. Man erlebt sich als kraftvoll und gestaltend.

■ **Denk mal**

Was würde sich in deinem Leben ändern, wenn du deine Tage mit Perspektive und Planung beginnen würdest?

■ **Mach mal**

Schreibe dir die oben genannten Aspekte auf und übe dich darin, sie in deinen Arbeitsalltag zu integrieren.

MAERSK DJIBOUTI
MONROVIA

2.1

Ziele setzen – warum?

Nachdem wir das Ziel endgültig aus den Augen verloren hatten, verdoppelten wir unsere Anstrengungen.
—Mark Twain

■ Als Coach habe ich (Christoph) festgestellt: Nur etwa zehn Prozent aller meiner Kunden können auf die direkte Frage nach ihren Zielen sofort antworten. Weitere zehn Prozent haben eine regelrechte Allergie gegen Ziele, während die meisten anderen ein eher diffuses Verhältnis zu Zielen haben: Sie können wenig damit anfangen, auch wenn sie nichts dagegen haben.
Mein Verdacht ist, dass viele befürchten, von Zielen eingeengt zu werden. Dabei kann es nur denjenigen, die sich eigene Ziele setzen, gelingen, sich nicht fremdbestimmen zu lassen (sprich: sich von Zielen anderer nicht einengen zu lassen). Das ist schon der erste Grund, warum ich es für wichtig halte, sich Ziele zu setzen.
Dann gilt aber auch tatsächlich, was schon Mark Twain festgestellt hat: Ohne klare Ausrichtung auf das, was wir wirklich wollen, werden wir viel Energie verschwenden. Es besteht dann die Gefahr des Aktionismus, ohne dass wir etwas erreichen. Wie ein Motor im Leerlauf, wenn man auf das Gaspedal tritt. Sich Ziele zu setzen bedeutet: den Gang einlegen und sich auf den Weg machen – dahin, wo man hin will.
Ein dritter Grund: So wichtig es ist, sich beispielsweise beim Erholen auch einmal dem zweckfreien Nichtstun hinzugeben, so sehr gilt für viele Lebensbereiche, dass Ziele Teil einer proaktiven Lebensgestaltung sind. Ich lasse mich nicht einfach irgendwohin treiben, sondern steuere den Hafen an, den ich erreichen will.

■ **Denk mal**
Welche innere Haltung nimmst du dem Thema Zielsetzung gegenüber ein? Eine distanzierte? Eine gleichgültige?

■ **Mach mal**
Schreibe dir auf, welche Ziele – eigene und fremde – dein Leben und Handeln in der letzten Woche bestimmt haben.

Der erste Schritt vor dem ersten Schritt auf der Erfolgsleiter ist, die Leiter an die richtige Wand zu stellen.
—Manfred Brüning

2.2 Die richtigen Ziele setzen

■ Bevor du dir Ziele setzt, solltest du überlegen, was in dem Bereich, in dem du dir Ziele setzen willst, wichtig ist. Also bei einer kleinen Aufgabe, die du erledigen willst. Oder in deiner Rolle als Mutter oder Vater. In deinem Leben. Egal über welche Ebene von Zielen du nachdenkst, zunächst müssen die Prioritäten stimmen.

Der Berater Stephen Covey demonstriert diese Regel gerne mit einem großen Eimer, den er randvoll mit Wasser füllt. »Was passt jetzt noch in den Eimer?«, fragt er sein Publikum rhetorisch. Dann nimmt er einen zweiten Eimer und füllt ihn – ebenfalls randvoll – mit großen Kieselsteinen. »Passt hier noch etwas hinein?«, fragt er. Nacheinander füllt er jetzt noch kleinere Steine, dann Kies, dann Sand und schließlich Wasser in den Eimer. Wer mit den großen Steinen beginnt, also mit den wichtigen Dingen, der kriegt immer noch etwas mehr unter. Wer hingegen mit dem Kleinkram anfängt, der ist randvoll und kommt mit dem Wesentlichen nicht voran.

Beim Zielesetzen ist es wichtig, dass du mit den richtigen Zielen beginnst: Das, was dir für dein Leben, deine Lebensrollen und deine tagtäglichen Aufgaben wirklich wichtig ist, das muss zuerst angegangen werden. Denn es gilt: Irgendetwas bleibt immer auf der Strecke. Tragisch wäre es, wenn es bei dir das Wichtigste wäre.

■ **Denk mal**

Was sind die »großen Steine« in deinem Leben? Was willst du wirklich erreichen?

■ **Mach mal**

Suche dir ein paar schöne große Kieselsteine und schreibe auf jeden ein Ziel, das dir für dein Leben wirklich wichtig ist.

2.3

Weniger ist mehr

Je höher die Zahl der Ziele ist, die Sie gleichzeitig verfolgen, desto niedriger ist die Qualität des erreichten Ergebnisses.
—Alexandra Altmann

■ Unsere Ressourcen sind immer begrenzt: Wir haben nicht unendlich viel Zeit, Geld, Mitarbeiter, Aufmerksamkeit oder Kraft. Deshalb gilt der Satz »Weniger ist mehr« gerade auch beim Thema Zielsetzung.

Selbst wenn man davon ausgeht, dass sich manche Ziele gegenseitig positiv beeinflussen, kommt man bei zu vielen Zielen schnell in eine ähnliche Situation wie ein Jongleur, der immer mehr Bälle gleichzeitig in der Luft halten will.

Wenn du deine Ziele also tatsächlich erreichen willst (und zwar gut!), dann beschränke dich auf wenige Ziele. Überlege dir, was für dich die wichtigsten Ziele sind. Ziele, die am meisten bewirken. Ziele, die am meisten mit deiner Berufung zu tun haben. Ziele, die wirklich zu deinen Werten passen.

Fokussiere deine Aufmerksamkeit, deine Zeit, deine Energie auf diese wenigen Ziele. Bei Zielen gilt nämlich: Mehr ist nicht besser, sondern weniger ist mehr.

Wenn du dir nicht sicher bist, welche Anzahl von Zielen für dich richtig ist, dann fange ganz klein an: Konzentriere dich auf ein einziges Ziel (und schreibe dir alle anderen Ziele irgendwo auf, damit du sie nicht vergisst). Wenn du das erste Ziel dann erreicht hast, nimm dir das nächste Ziel vor. Eines nach dem anderen, nie mehrere gleichzeitig. Wenn du hingegen im Umgang mit Zielen geübt bist (vielleicht weil du beruflich viel mit Zielen zu tun hast), dann beschränke dich einmal bewusst selbst: Experimentiere mit »nur« drei Zielen.

■ **Denk mal**

Welches eine Ziel willst du heute unbedingt erreichen?

■ **Mach mal**

Schließe deine Augen und stelle dir vor, dass du dieses eine Ziel heute Abend erreicht hast. Wie fühlt sich das an?

2.4 Smart, smarter, Ziel

Wir leben in einer Zeit vollkommener Mittel und verworrener Ziele.
—Albert Einstein

■ Oft werden Ziele mit Wünschen, Träumen, Absichtserklärungen oder Themen verwechselt. Ziele unterscheiden sich aber von all diesen »Verwandten« in entscheidenden Punkten. Ziele sind nämlich immer auf Veränderung ausgerichtet. Wenn ich ein Ziel erreicht habe, habe ich mich von A nach B bewegt. Damit mir das gelingt, muss ich meine Ziele entsprechend formulieren. Eine Eselsbrücke bieten die Buchstaben SMART (englisch für »klug« oder »geschickt«):

Das **S** steht für *»spezifisch«*: Je konkreter und genauer du formulierst, was du erreichen willst, desto eher wirst du genau das auch erreichen.

Das **M** steht für *»messbar«*. Hierin liegt ein wesentlicher Unterschied zu Wünschen und Träumen. Woran kann du überprüfen und feststellen, ob und wie gut du dein Ziel erreicht hast?

A bedeutet *»aktionsorientiert«*: Kannst du dein Ziel nicht in konkrete Handlungen übersetzen, wirst du es nie erreichen. Und vermutlich ist es dann auch kein Ziel.

Beim **R** geht es darum, dass dein Ziel *»realistisch«* ist. Abgehobene Träume mögen motivieren, aber es ist fraglich, ob du je dort ankommst.

Und schließlich das **T**: Hier geht es ums *»Terminieren«*, also darum, dass du dein Ziel mit einem Datum versiehst. Wann willst du es erreicht haben? Und bis wann willst du die einzelnen Schritte zum Ziel angegangen sein?

■ **Denk mal**

Welches der fünf SMART-Kriterien fällt dir bei der Zielformulierung am leichtesten? Welches am schwersten?

■ **Mach mal**

Nimm dir ein beliebiges deiner Ziele vor und überprüfe es anhand der SMART-Kriterien. Wo sie noch nicht erfüllt sind, formuliere dein Ziel neu.

2.5

Wenn einer von euch einen Turm bauen will, setzt er sich dann nicht zuerst hin und rechnet, ob seine Mittel für das ganze Vorhaben ausreichen?
—Jesus Christus in Lukas 14,28

Die Kosten überschlagen

■ Um ein Ziel zu erreichen, bedarf es in der Regel diverser Mittel und Ressourcen: Zeit, Energie, Geld, Informationen, Kontakte, Mitarbeiter und anderes. Wenn ich mich blauäugig auf den Weg mache und versuche, meine Ziele zu erreichen, ohne vorher die Kosten zu überschlagen und die notwendigen Mittel bereitgestellt zu haben, ist es wahrscheinlich, dass ich scheitere.

Überlege dir deshalb vorab: Welche Mittel benötige ich, um meine Ziele zu erreichen? Welche der benötigten Mittel habe ich schon? Welche fehlen mir noch? Woher kann ich sie bekommen? Wer kann mir dabei helfen?

Die gute Nachricht dabei lautet, dass wir meist mehr Mittel haben, als uns bewusst ist. Viele Ressourcen stehen uns zur Verfügung – persönliche Fähigkeiten, Erfahrungen, Stärken und mehr – aber wir übersehen oft, was da ist. Wenn wir die Kosten überschlagen, dürfen wir uns deshalb nicht entmutigen lassen. Im Gegenteil: Dieser wichtige Schritt sollte uns helfen, uns all des Potentials bewusst zu werden, das uns zur Verfügung steht. Wenn wir es nicht auf den ersten Blick sehen, dann kann vielleicht das Gespräch mit einem guten Freund oder auch mit einem Coach helfen, vorhandene Mittel zu entdecken.

Hilfreich ist auch die Frage, was du in der Vergangenheit, vielleicht in ähnlichen Situationen, erfolgreich eingesetzt hast. Das vergisst man so schnell – denke also darüber nach!

■ **Denk mal**
Auf welche deiner Fähigkeiten kannst du eigentlich immer vertrauen?

■ **Mach mal**
Verschaffe dir einen schriftlichen Überblick über deine Ressourcen: eigene Fähigkeiten, Hilfen von außen, Erfahrungen in der Vergangenheit etc.

Holzhacken ist deshalb so beliebt, weil man bei dieser Tätigkeit den Erfolg sofort sieht.
—Albert Einstein

2.6 Ein kleiner Schritt voran

■ Bei Zielen, die nicht gleich heute oder morgen erreicht werden können, gibt es noch eine besondere Herausforderung: über längere Zeit auf Kurs zu bleiben. Wenn wir uns großartige langfristige Ziele setzen und alle Regeln beachten, die ein gutes Ziel ausmachen, kann es trotzdem passieren, dass wir es nie erreichen. Einfach weil wir es zwischendurch aus den Augen verlieren. Vergessen. Weil der Alltag mit seinen Ablenkungen dazwischenkommt.

Es ist deshalb wichtig, dass du jedes größere Ziel auf Teilziele herunterbrichst. Und mehr noch: Dass du überlegst, woran du schon sehr frühzeitig auf dem Weg zum Ziel erkennen wirst, dass du (noch) auf Kurs bist. Was sind frühe Anzeichen dafür, dass du dich deinem Ziel näherst? Wenn du dir beispielsweise zum Ziel gesetzt hast, in einem Jahr eine Weiterbildung abzuschließen – woran wirst du in zwei Wochen merken, dass du auf dem richtigen Weg bist? Woran wirst du es in vier Wochen merken?

Anders ausgedrückt: Mache dir immer klar, was der nächste kleine Schritte ist. Achtung: Es geht nicht um den nächsten großen Schritt, sondern um den nächsten kleinen Schritt! Wie ein Schiff, an dem die Strömung und der Wind zerren, musst du ständig kleine Kurskorrekturen vornehmen und Meter um Meter vorangehen – und dabei das große Ziel, den Hafen, nie aus dem Auge verlieren. Beides gehört zusammen.

■ **Denk mal**

Angenommen, du kommst heute deinem Ziel einen kleinen Schritt näher – woran würdest du das merken?

■ **Mach mal**

Zerlege ein großes Ziel, indem du nächste Schritte, Etappenziele und Meilensteine auf je einen Haftnotizzettel schreibst und sie zeitlich sortierst.

Der Ziellose erleidet sein Schicksal –
der Zielbewusste gestaltet es.
—Immanuel Kant

Fortschritte im Auge behalten

■ Du erinnerst dich: Gute Ziele sind messbar und zeitlich terminiert. Nur so können Fortschritte überprüft und die Erreichung von Zielen festgestellt werden.
Eine einfache Möglichkeit, um Fortschritte auf dem Weg zum Ziel und schließlich die Ankunft am Ziel sichtbar zu machen, ist eine persönliche Zehnerskala: Stelle dir eine Skala von Eins bis Zehn vor, wobei die Zehn für die vollständige Erreichung deines Ziels steht und die Eins für das Gegenteil davon. Schätze als nächstes ein, wo du momentan in Bezug auf die Erreichung deines Ziels stehst. Bei dieser Einschätzung kannst du dich zum einen an »harten Fakten« orientieren: Schritte, die du gegangen bist. Maßnahmen, die du umgesetzt hast. Alles, was man eben messen und zählen kann. Genauso können dir aber auch deine Intuition und dein Bauchgefühl helfen. So eine Zehnerskala macht auch subjektive Einschätzungen messbar – und vor allem werden Veränderungen und Fortschritte über die Zeit deutlich. Du darfst dich einfach aus dem Bauch heraus fragen, wo du momentan auf der Skala stehst.
Wenn dein Ziel aus mehreren Teilzielen besteht, kannst du auch Unterskalen (für jedes Teilziel eine) verwenden. Nach und nach treten so deine Fortschritte in Richtung Ziel immer klarer hervor. Auch Rückschläge oder Verzögerungen erkennst du rechtzeitig und kannst gegensteuern. So kannst du diese Skala als Navigationssystem für dich verwenden.

■ **Denk mal**

Wenn du dir deine Fortschritte auf der Skala anschaust – was hast du dazu beigetragen, dass es voranging?

■ **Mach mal**

Wenn du dein Ziel – oder auch Teilziele – erreicht hast, dann halte inne und überlege, wie du das feiern kannst.

3.1

Wenn ein unordentlicher Schreibtisch einen unordentlichen Geist repräsentiert, was repräsentiert dann ein leerer Schreibtisch?
—Albert Einstein

Die Umgebung strukturieren

■ »Das Genie beherrscht das Chaos«, sagt mancher als Entschuldigung für einen unordentlichen, mit Papier, Essensresten und Krimskrams übersäten Arbeitsplatz. Die Realität sieht anders aus. Mangelnde Ordnung kostet Zeit. Der durchschnittliche Büroangestellte in Deutschland verbringt eine Stunde pro Tag (!) damit, Dinge zu suchen. Die Zeit könnte man besser nutzen.

Dazu kommt, dass Dinge, die herumliegen, Zeichen von nicht getroffenen oder noch nicht umgesetzten Entscheidungen sind. Die Frage: »Was soll ich damit tun?« wurde noch nicht beantwortet oder die Entscheidung noch nicht umgesetzt. Die Dinge klagen an: »Du hättest … Du solltest … « Das kostet unterschwellig viel Energie. Außerdem verliert man leicht den Überblick.

Ein guter Arbeitsplatz könnte so aussehen:

Ästhetisch: Eine schöne, ordentliche und freundliche Einrichtung, geschmückt mit einigen wenigen, persönlichen, ausdrucksstarken Gegenständen. Keine ganze Familiengalerie. Hier ist weniger oft mehr.

Griffbereit: In Griffnähe sind die Dinge, die du mehrfach am Tag brauchst.

Nahe: Gegenstände oder Unterlagen, auf die du mehrmals pro Woche zugreifst, sollten in der Nähe deines Arbeitsplatzes gelagert sein. Ideal ist es, wenn sie klar und übersichtlich geordnet und gut beschriftet sind (siehe 4.6).

Archiv: Hierhin gehören die Unterlagen oder Utensilien, die du selten oder fast nie brauchst.

■ **Denk mal**

Wie viel Zeit verbringst du pro Tag mit Suchen? Wie könntest du das am effektivsten reduzieren?

■ **Mach mal**

Nimm dir Zeit und räume deinen Arbeitsplatz auf. Sortiere Dinge weg. Wirf alles fort, was du sicher nicht mehr brauchst.

Muss ich es überhaupt tun?

Wer im Leben kein Ziel hat, verläuft sich.
—Abraham Lincoln

■ Große Energieräuber sind die Dinge, von denen man denkt: Dies sollte ich eigentlich irgendwann mal tun. Dieses Magazin sollte ich eigentlich mal lesen, dieses Rezept mal ausprobieren, diese Studie genauer ansehen.

Der erste Tipp zum entspannten Arbeiten ist, die innere oder schriftliche To-do-Liste durchzugehen und zu überlegen: Was werde ich mit großer Wahrscheinlichkeit nicht tun? Das kannst du dann von der Liste streichen. Das gleiche kannst du mit Terminen machen. Frage dich: Was ist wirklich wichtig? Und sage die anderen Termine ab. Das entspannt.

Du kannst die PAPIER-Strategie beim Sortieren der Aufgaben anwenden:

P Papierkorb (elektronisch oder physisch): Alles, was nicht wirklich wichtig ist, hier rein.

A Anderen geben: Aufgaben, die du delegieren kannst, gleich mit einer kurzen, klaren Handlungsanweisung an die entsprechende Person weitergeben.

P Planen, was damit zu tun ist: Am besten eine Entscheidung treffen und kurz notieren: zurückrufen, überweisen, testen. Wenn die Handlung weniger als zwei Minuten beansprucht, sofort machen.

I In die Ablage: Mails oder Unterlagen, mit denen du nichts tun musst, die aber als Referenz wichtig sind, ablegen. Gleich. Nicht wieder auf den Stapel legen, sonst musst du nächstes Mal wieder überlegen.

E Erledigen: Tue das, was nötig ist.

R Richtig gemacht: Freue dich darüber.

■ **Denk mal**

Bei welchem der sechs Schritte bist du oft inkonsequent. Wie könntest du in der Umsetzung konsequenter werden?

■ **Mach mal**

Schreibe dir die Schritte der Papier-Strategie auf und übe sie ein. Du kannst Finger und Handfläche als Gedächtnisstütze nehmen.

Kopf frei

> *Gegenüber der Fähigkeit, die Arbeit eines einzigen Tages sinnvoll zu ordnen, ist alles andere im Leben ein Kinderspiel.*
> *—Johann Wolfgang von Goethe*

■ »Das darf ich nicht vergessen!« »Daran muss ich noch denken.« – Oft gehen uns solche Gedanken durch den Kopf. Häufig vergisst man Dinge dennoch.

Es ist gut, sich erst einmal einen Überblick zu verschaffen: Was steht eigentlich an? Und alle privaten und beruflichen Aufgaben zu notieren, die unerledigt geblieben sind. Von den nicht sortieren Urlaubsfotos bis hin zu Abrechnungen oder Reparaturen. Arbeitsorganisationsexperte David Allen empfiehlt, hier zwei Kategorien zu machen:

- Einzelaufgaben, die aus einem Schritt bestehen. Die kommen direkt auf die To-do-Liste.
- Aufgaben/Projekte, die aus mindestens zwei Schritten bestehen, werden in eine Liste der anstehenden Projekte geschrieben. Das könnte zum Beispiel sein: Garage aufräumen oder Vortrag schreiben. Dazu gehören mehrere To-dos: Plan machen, Material besorgen, aufräumen oder schreiben.

Die Listen kann man auf Papier oder im Smartphone führen – je nach Präferenz. Wenn du das zum ersten Mal tust, kann es ziemlich aufwändig sein. Lass dich davon nicht entmutigen. Dieses Vorgehen hat den Vorteil, dass der Kopf frei wird. Es rumort nichts mehr im Hinterkopf und meldet: »Das darf ich nicht vergessen.« Du hast die Dinge erst einmal festgehalten und hast den Überblick über die anstehenden Projekte und To-dos gewonnen. Das beruhigt. Wenn dir etwas Neues einfällt, kannst du die Liste einfach ergänzen.

■ **Denk mal**

Wie oft stresst es dich, dass du vieles im Kopf hast? Was würde sich ändern, wenn die Dinge gut notiert sind?

■ **Mach mal**

Nimm dir Zeit (vermutlich brauchst du eine Stunde oder mehr) und liste alle anstehenden Projekte auf.

3.4 Arbeiten bündeln

Einfachheit ist die höchste Stufe der Vollendung.

—Leonardo da Vinci

■ Es kostet Energie, wenn man häufig von einem Medium zum anderen wechselt. Hier eine E-Mail, da ein Text, dort Blumen gießen, dann Kaffee kochen und nebenbei telefonieren. Das arme Gehirn kriegt vom ständigen Hin- und Herspringen bald zuviel.

Von daher empfiehlt es sich, die anstehenden Aufgaben nach den Orten zu gruppieren, an denen sie erledigt werden müssen. Das kann zum Beispiel sein

- Unterwegs (z. B. Einkäufe)
- Am Telefon
- Im Internet
- Im Mailprogramm
- Am Computer
- Im Büro
- Zu Hause
- Mit Person XY

Wenn man die Aufgaben auf diese Weise geordnet hat, lassen sie sich gebündelt angehen. Mehrere Mails zu beantworten oder einige Anrufe hintereinander zu erledigen ist für das Gehirn weniger anstrengend, als ständig das Medium zu wechseln.

Diese Strategie empfiehlt sich übrigens auch für Einkaufslisten. Anstatt alles kreuz und quer aufzuschreiben, versuche einmal, die Liste so zu sortieren, dass sie die einzelnen Warengruppen widerspiegelt, so wie sie im Supermarkt sortiert sind, z. B. Getränke, Obst, Nudeln usw.

Du wirst sehen, dass das Einkaufen viel schneller und entspannter abläuft, weil du nicht hin- und herspringen musst.

■ **Denk mal**

Welche unterschiedlichen Orte, an denen du Dinge erledigen musst, gibt es in deinem Arbeitsalltag?

■ **Mach mal**

Sortiere die unter 3.3 gesammelten Aufgaben in deine Arbeitsorte ein und probiere aus, so zu arbeiten. Teste auch mal die Einkaufsstrategie.

3.5

Zeitbedarf planen

Wenn ich acht Stunden Zeit hätte, um einen Baum zu fällen, würde ich sechs Stunden die Axt schleifen.
—Abraham Lincoln

■ »Schon wieder habe ich nicht geschafft, was ich mir für heute vorgenommen habe. So ein Frust!«, stöhnen viele Menschen am Ende ihres Arbeitstages. Mir passiert das gelegentlich auch. Häufig dann, wenn ich versäume, beim Planen abzuschätzen, wie lange Dinge brauchen. Es ist leicht, anstehende Arbeiten auf eine Liste zu schreiben. Das kann ich gut.

Das habe ich von David Allen, Experte für effizientes Arbeiten, gelernt. Er empfiehlt, bei jeder Aufgabe schriftlich die Frage zu beantworten: Was ist der nächste konkrete Schritt? Denn oft ist das nicht so klar oder ein Projekt wie etwa »Treffen vorbereiten« gliedert sich in viele Unterschritte (siehe 2.6).

Das Auflisten ist aber nur der erste Schritt. Häufig passiert es, dass einfach mehr auf der Liste steht, als man schaffen kann. Deshalb ist es sinnvoll, dich als nächstes zu fragen: Wie lange wird es dauern, dies zu erledigen? Notiere den nötigen Zeitbedarf. Wenn ich das tue, stelle ich gelegentlich fest, dass ich zehn oder mehr Stunden arbeiten müsste, um die geplanten Aufgaben fertigzustellen. Und das obendrein unter der Voraussetzung, dass niemand mich unterbricht und nichts Unvorhergesehenes dazwischenkommt. Es macht Sinn den vermuteten Zeitbedarf zu notieren und so zu kalkulieren, dass genügend Puffer für Unvorhergesehenes vorhanden ist (siehe auch 4.2). So kann man am Tagesende zufrieden sagen: Ich habe geschafft, was ich mir vorgenommen habe.

■ **Denk mal**

Was hilft dir, realistisch einzuschätzen, was du an einem Arbeitstag schaffen kannst?

■ **Mach mal**

Lege deinen Tagesplan vor dich hin und schreibe hinter die Aufgaben den geschätzten Zeitbedarf.

Bereit sein ist viel, warten können ist mehr, doch erst den rechten Augenblick nützen können ist alles.
—Arthur Schnitzler

Offene Antworten

■ An vielen Projekten sind mehrere Menschen beteiligt. Es passiert oft, dass man etwas auf den Weg gebracht hat – und nun darauf wartet, dass jemand anderes seinen Teil tut, damit man selbst weiterarbeiten kann. So lange man wartet, hat man den Gedanken im Kopf: Ich muss da noch nachhaken. Das darf ich nicht vergessen.
Alles, was man im Hinterkopf behalten muss, belastet das Gehirn. Es ist ähnlich, wie wenn man am Computer zu viele Programme offen hat, die Arbeitsspeicher verbrauchen. Einfache Abhilfe: Man schreibt auf, welche Antworten man noch erwartet. Diese Liste kann man regelmäßig durchgehen. Meist reicht einmal pro Woche. Ich habe in meinem E-Mail-Programm einen Ordner angelegt, der »Antwort erwartet« heißt. In diesen Ordner kommen alle wichtigen E-Mails, die von dem Empfänger noch nicht beantwortet wurden. Einmal pro Woche gehe ich den Ordner durch. Habe ich in der Zwischenzeit die Antwort erhalten, wird die E-Mail abgelegt. Lässt die Antwort zu lange auf sich warten, kann ich die ursprüngliche Mail nochmals an den Empfänger senden. Ich schreibe freundlich, dass ich noch auf Antwort warte, und bitte um Erledigung. Oder greife zum Telefonhörer und frage direkt nach.
Mich entlastet das ungemein. Bei einer Vielzahl von Projekten, an denen wir im Verlagsteam oft gleichzeitig arbeiten, hilft dieses Vorgehen, den Überblick nicht zu verlieren. Wichtig ist, die Liste regelmäßig durchzugehen – am besten zu einem festen Zeitpunkt jede Woche.

■ **Denk mal**
Auf welche Antworten wartest du gerade? Liste sie auf.

■ **Mach mal**
Lege dir eine Liste oder einen elektronischen Ordner für »Antwort erwartet« an.

Dem Stein im Schuh ist es egal, wann du ihn rausholst: sofort oder erst zu Hause.
—Marc Flint

Schnell und entlastend

■ Unerledigtes belastet. Die Stapel, die sich angesammelt haben, die Papiere, die herumliegen, die Magazine, die sich häufen – all das zehrt an unserer Energie. Uns belasten auch überfüllte Schränke und Schubladen, in denen man den Überblick verliert. Am besten ist es, man lässt es gar nicht erst so weit kommen. Zwei Angewohnheiten können dabei helfen.

1. Die 20-Sekunden-Regel
Alles, was man in 20 Sekunden tun kann, sollte man gleich erledigen: Papiere ablegen, Dinge an ihren Platz räumen usw. So verhindert man große Stapel. Es empfiehlt sich, darauf zu achten, dass es bei einer Sache bleibt und man dann zur eigentlichen Aufgabe zurückkehrt. Also nicht erst die Blumen gießt, dann die Gießkanne putzt, dann die Schränke aufräumt und so den Tag vertrödelt. Wichtig ist außerdem, dass man diese Regel auch in stressigen Zeiten befolgt, denn gerade dann neigt man dazu, Dinge irgendwo hinzulegen – die wachsenden Stapel rauben zusätzlich Energie.

2. Die 1-rein-2-raus-Regel
Wann immer man etwas ablegt oder neu anschafft, gleich nachsehen, ob man zwei gleichartige Dinge entsorgen kann. Man legt ein Papier ab – und sieht gleich nach, ob man zwei Unterlagen aus dem Ordner entsorgen kann. Man legt ein Magazin auf den Lesestapel und wirft dafür zwei alte Magazine weg. So verhindert man, dass man von Dingen, die man nicht braucht, »zugemüllt« wird.

■ **Denk mal**

Welchen Unterschied würde es in deinem Leben ganz konkret machen, wenn du diese Regeln umsetzt?

■ **Mach mal**

Schreibe dir »20-Sekunden-Regel« und »1 rein, 2 raus« auf Zettel in deinem Blickfeld. Übe diese Techniken so lange ein, bis sie Routine geworden sind.

SNGU 214239 9
22G1
MAX.GR.
TARE
NET
CU.CAP.
SNGU
MAX.GR.
TARE
NET
CU.CAP.

Reflect & refocus

Unter Intuition versteht man die Fähigkeit gewisser Leute, eine Lage in Sekundenschnelle falsch zu beurteilen.
—Friedrich Dürrenmatt

■ In dieser Woche wird es um hilfreiche Gewohnheiten für eine gelungene Arbeitsorganisation gehen: um Handlungen, die dir – wenn du sie regelmäßig ausführst – das Leben und die Arbeit leichter machen. Im Zentrum steht dabei die Gewohnheit, dir wöchentlich, monatlich und gegebenenfalls auch quartalsweise und jährlich Zeit zum Auswerten und Neuausrichten zu nehmen. Zeit für »reflect and refocus«, wie der Coach Robert Logan sagt.
Ich persönlich blicke immer freitags auf die vergangene Woche zurück: auf meine Ziele und Projekte, auf Fortschritte und Herausforderungen. Dann nehme ich mir Zeit, die kommende Woche zu planen: Zuerst kommen die »großen Steine« hinein (siehe 2.2), dann erst wird aufgefüllt. Und natürlich nehme ich Kurskorrekturen vor, wo die letzte Woche nicht gut lief. Einmal im Monat reserviere ich mir dafür sogar einen ganzen Tag (diese Tage plane ich immer schon im Herbst für das folgende Jahr). Zwischen Weihnachten und Neujahr sind dann sogar mehrere Tage für diesen Prozess der Neuausrichtung fest eingeplant. Möglicherweise ist für dich ein anderer Rhythmus sinnvoller. Das Prinzip dahinter – regelmäßig reflektieren, lernen, Veränderungen vornehmen und neu planen – gilt jedoch für jeden. Alle anderen Gewohnheiten, die ich dir in dieser Woche vorstelle, leben von dieser zentralen Gewohnheit.

■ **Denk mal**
Wenn du auf die vergangene Woche zurückblickst – was könntest du daraus lernen?

■ **Mach mal**
Schreibe dir noch heute in den Kalender, an welchem Tag und zu welcher Zeit du jede Woche auswerten und die nächste Woche planen willst.

4.2 Pufferzeiten planen

Das Leben ist wie eine Schachtel Pralinen: Man weiß nie, was man bekommt.
—Forrest Gump

■ Wenn du die kommende Woche planst, ist es wichtig, dass du genügend Pufferzeiten frei lässt – denn das Leben ist voller Überraschungen. Wie du weißt, gehören die »großen Steine« zuerst in den Wochenplan. Aber zwischen diesen wichtigen Aufgaben und Terminen muss genügend Luft bleiben. Wenn du – bildhaft gesprochen – alles mit Kies, Sand und Wasser auffüllst, hast du keine Möglichkeit mehr, auf unvorhergesehene Ereignisse zu reagieren.
Wie viel Puffer du dir freilässt, hängt sicher von deiner Tätigkeit und deinen Aufgaben ab. Es gibt Berufe, die so sehr von Spontaneität leben, dass nur 30 Prozent der Zeit verplant werden und der Rest als Puffer frei bleiben sollte. Andere Berufe sind stark strukturiert und eher vorhersehbar. Hier reicht möglicherweise ein Puffer von 20 bis 30 Prozent. Bei den meisten Menschen hat es sich bewährt, nicht mehr als 60 Prozent ihrer Zeit zu verplanen. Hier solltest du also experimentieren.

Die regelmäßigen Auswertungszeiten helfen dir dann, mit der Zeit dein persönliches Optimum zu finden. Es gilt, die persönliche Balance zu finden: Auf der einen Seite steht die Flexibilität – aber mit der Gefahr, nur noch zu reagieren und fremdbestimmt zu sein. Auf der anderen Seite steht die Konzentration auf die eigenen Ziele und das wirklich Wichtige – aber mit der Gefahr, keinen Spielraum mehr zu haben und den Kollaps der eigenen Pläne zu riskieren, wenn es zu eng wird.

■ **Denk mal**
Wie erleben dich deine Freunde? Als zu verplant? Oder als planlos?

■ **Mach mal**
Nutze eine Balance-Skala: Das linke Ende steht für »null Pläne«, das rechte für »null Puffer«. Beobachte, wie sich deine Balance entwickelt.

4.3

> *Ein perfekter Werbeblock verfehlt im Fernsehen seine Wirkung, wenn er alle paar Minuten von einem unverständlichen Spielfilmteil unterbrochen wird.*
>
> —Loriot

Unterbrechungsfrei arbeiten

■ Eines meiner wichtigsten Werkzeuge ist eine Eieruhr. Zugegeben, sie ist mittlerweile eine Software-Variante auf meinem Smartphone, aber eben doch eine Eieruhr. Sie hilft mir dabei, konzentriert und ungestört, zum Beispiel eine Stunde lang, an einer Aufgabe zu arbeiten. Solange die Eieruhr noch läuft, werden keine E-Mails gelesen oder bearbeitet. Das Telefon bleibt stumm geschaltet. Facebook wird ignoriert. Der Fokus ist ganz klar: meine Aufgabe. Für 60 Minuten. Dann unterbreche ich gerne, genieße das Erreichte, gönne mir eine kleine Pause – und vielleicht schaue ich auch mal bei Facebook vorbei.

Überall lauern Ablenkungen. Da ist es eine gute Gewohnheit, sich auf eine Sache auszurichten und mit ungeteilter Aufmerksamkeit daran zu arbeiten. Allerdings muss diese Gewohnheit trainiert werden – und das manchmal sehr intensiv. Wenn du dich häufig ablenken lässt, sollte dein Übungsplan, um diese Gewohnheit zu entwickeln, mit kleinen Zeiteinheiten beginnen. Versuche am Anfang, dich 20 Minuten lang mit nur einer Aufgabe zu beschäftigen. Dann steigere die Dauer auf 30, 45 oder 60 Minuten.

Länger als 90 Minuten sollten die Einheiten allerdings nicht dauern. Denn nach dieser Zeitspanne lässt die Konzentrationsfähigkeit merklich nach. Effizientes Arbeiten ist nun kaum noch möglich. Jetzt ist die Unterbrechung durch eine Pause besser als das Weiterarbeiten.

■ **Denk mal**

Von welchen Störungen lässt du dich am häufigsten ablenken?

■ **Mach mal**

Besorge dir heute eine Eieruhr und beginne mit dem Training.

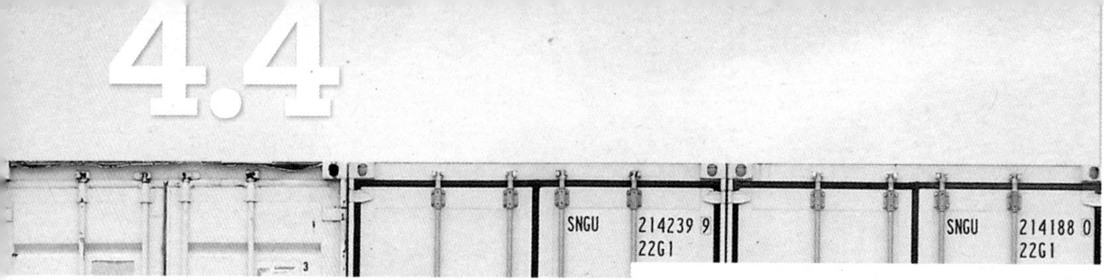

Have a Break

Auch die Pause gehört zur Musik.
—Stefan Zweig

■ Unterbrechungsfrei und konzentriert Arbeiten ist die eine Seite. Dem steht eine andere gute Gewohnheit gegenüber: Pausen machen. Die meisten Menschen können sich für 60 bis 90 Minuten gut auf eine Aufgabe konzentrieren. Dann aber sackt die Leistungskurve rasant ab. Eine Pause – und sei sie noch so kurz – bewirkt hier enorm viel.

Plane deshalb über deinen ganzen Arbeitstag verteilt kurze Pausen von 5 bis 10 Minuten ein. Aber nicht nach einem völlig starren Raster, sondern so, dass es den Fluss deiner Arbeit nicht stört. Die Eieruhr kann dir auch hier helfen: Ist die Zeit, die du dir eingestellt hast, vorüber, dann peile in den nächsten 15 Minuten eine Pause an – eben dann, wenn du sowieso an einer Zäsur in deiner Arbeit angekommen bist.

Es gibt viele Möglichkeiten, wie du diese kurzen Pausen sinnvoll verbringen kannst: Öffne das Fenster und genieße die frische Luft. Trink ein Glas Wasser. Iss einen Apfel. Drehe eine kurze Runde um den Block. Gehe auf Toilette. Mache ein paar Entspannungsübungen. Bringe dir einige Übungen zur Stärkung der Rückenmuskulatur bei und führe sie in den Pausen durch. Stelle dich kurz in die Sonne. Genehmige dir ein Schwätzchen mit Kollegen.

Schließe die Augen und genieße den Fortschritt, den du in der letzten Stunde bei deiner Arbeit gemacht hast. Oder denke an ein schönes Erlebnis aus dem letzten Urlaub und stelle dir die Situation lebhaft in deiner Phantasie vor.

■ **Denk mal**

Welche Möglichkeiten fallen dir ein, um deine Kurzpausen erholsam zu nutzen?

■ **Mach mal**

Führe vier Wochen lang Strichliste: Wie viele Pausen schaffst du an jedem Tag?

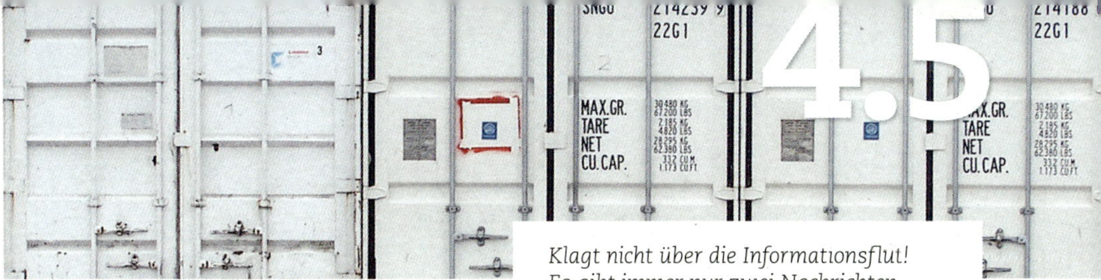

4.5

Umgang mit E-Mails

Klagt nicht über die Informationsflut! Es gibt immer nur zwei Nachrichten – eine gute und eine schlechte.
—Erhard H. Bellermann

■ Ich bin begeisterter E-Mail-Nutzer! Und das, obwohl ich inklusive Spam-Mails täglich mehrere Hundert Nachrichten bekomme. Die folgenden Gewohnheiten im Umgang mit Mails sind für mich die wichtigsten Grundregeln, damit die Vorteile überwiegen:

1. Bearbeite E-Mails im Block

Beantworte E-Mails nicht einzeln, sondern immer in Zeitblöcken. Je nachdem, wie deine Arbeit aussieht, kann das ein Block am Tag sein. Vielleicht müssen es aber auch drei oder mehr Blöcke sein. Der entscheidende Faktor: Lass dich von Mails nicht ständig unterbrechen, sondern bündle sie. Mails, die du in weniger als zwei Minuten beantworten kannst, gehst du dann sofort an; aus den anderen machst du eine Aufgabe (siehe Woche 3).

2. Reduziere dein E-Mail-Aufkommen

Dafür gibt es mehrere Möglichkeiten: Je schneller du antwortest, desto schneller kommt wieder eine Reaktion. Und schon bist du wieder am Zug. Nimm also Geschwindigkeit raus und antworte nicht immer sofort. Schon reduziert sich die Zahl deiner Mails. Achte auch darauf, an wie viele Personen du schreibst oder antwortest. Je weniger, desto besser. Nimm nur Personen in den Verteiler, die deine Mail unbedingt brauchen. Und: Schreibe knappe und präzise E-Mails. Formuliere klar und handlungsorientiert, damit der Empfänger weiß, was du von ihm erwartest. Bitte deine häufigsten Kontakte, genauso mit dir zu kommunizieren.

■ **Denk mal**

Wem könntest du ein konstruktives Feedback geben, damit er seine Mails an dich so verändert, dass es dir hilft?

■ **Mach mal**

Wenn du noch mehr wissen willst, lies: *Die Hamsterrevolution*. Vier Strategien gegen das tägliche E-Mail-Chaos.

4.6 Suchen oder finden?

Wer Ordnung hält, ist nur zu faul zum Suchen!

—Volkstümliches Sprichwort

■ Es gibt viele Ordnungs- und Ablagesysteme: für E-Mails, Akten, Dokumente, Dateien usw. Die meisten davon sind gut durchdacht und hilfreich. Wenn du aber noch keinen dieser Ansätze verwendest oder sie dir zu kompliziert sind, möchte ich dir eine Alternative vorstellen.

Ein gutes Ablagesystem zeichnet sich vor allem dadurch aus, dass Dinge jeder Art im Nullkommanix abgelegt sind. Und dass man trotzdem alles sofort wiederfindet. Am besten gelingt das mit einem konsequent nach dem Alphabet sortierten System: Verzeichnisse auf dem Computer, Aktenordner für Dokumente, Bücher im Regal und Boxen für größeres Material. Ein Brief vom Kunden Meier wird also im Ordner K (wie Kunden) und dann unter M (wie Meier) abgeheftet. Mit einer E-Mail von Herrn Meier wird genauso verfahren, nur eben im Verzeichnissystem des Computers. Größere Projekte mit viel Material (zum Beispiel eine Sammlung von Akten, Büchern und Gegenständen) landen in einer Box. Die Boxen werden mit Projektnamen beschriftet und ebenfalls alphabetisch gestapelt.

Damit alles reibungslos klappt, müssen natürlich für jede Sorte »Material« passende Sortierhilfen bereitliegen: Ordner, Boxen, Schnellhefter, Heftstreifen, Etiketten, Register, Trennstreifen, Prospekthüllen, abheftbare Aufbewahrungstaschen, selbstklebende Abheftstreifen u.ä. In einer Minute ist alles abgelegt – und noch schneller wieder gefunden.

■ **Denk mal**

Überlege, bevor du etwas ablegst: Wirst du das jemals wieder brauchen? Oder besser gleich weg damit?

■ **Mach mal**

Aller Anfang ist schwer: Nimm dir mindestens einen Tag Zeit, um dein neues Ablagesystem einzurichten. Dann läuft es wie geschmiert.

4.7

Nicht weil es schwer ist, wagen wir es nicht, sondern weil wir es nicht wagen, ist es schwer.

—Seneca

Projekte im Blick behalten

■ Projekte sind im Grunde genommen eine Serie von Aufgaben, die miteinander verbunden sind und ein gemeinsames Ziel haben. Ein Projekt hat einen klaren Beginn und ein Ende, und oft arbeiten mehrere Personen gemeinsam an einem Projekt.

Gelungene Projekte beginnen mit einem »smarten« Ziel (siehe 2.4). Wenn du dann die einzelnen Schritte planen, aber komplizierte Software vermeiden willst, besorge dir Haftnotizzettel. Brainstorme (ggf. zusammen mit deinem Projektteam), welche Aufgaben zu diesem Projekt gehören. Klebe die Zettel dann auf einen Flipchartblock oder einen großen Karton, und zwar so, dass die zeitliche Reihenfolge der Aufgaben und ihre inhaltlichen Abhängigkeiten sichtbar werden.

Mit Textmarker kannst du wichtige Meilensteine des Projekts kennzeichnen und Zusammenhänge als Linien oder Pfeile einzeichnen. Wichtig ist auch, dass du das Gesamtwerk um eine Zeitleiste ergänzt, damit alle Aufgaben terminiert sind.

Lass diese Übersicht dort hängen, wo du daran arbeitest, damit dir deine Aufgaben immer vor Augen sind. Werte regelmäßig aus, wo du bist und welche Fortschritte du (mit deinem Team) gemacht hast.

Bei kleineren Projekten kannst du ähnlich vorgehen, aber alles als Liste auf ein Blatt Papier reduzieren. Notiere dir hier auch, welche Aufgaben du an wen delegiert hast und bis wann du Rückmeldung erwartest. Wichtig: Beziehe dieses Blatt in jede Wochenplanung mit ein. Nur so behältst du den Überblick.

■ **Denk mal**

Wie viele Projekte musst du momentan gleichzeitig im Blick behalten?

■ **Mach mal**

Nutze die Zeit deiner nächsten Wochenplanung, um mit einer konsequenten Projektplanung zu beginnen.

Weiterführende Angebote

Bücher, die wir besonders empfehlen:

- David Allen: *Wie ich die Dinge geregelt kriege*. Selbstmanagement für den Alltag. Piper Taschenbuch, 2007.
- Verena Steiner: *Energiekompetenz*. Produktiver denken, wirkungsvoller arbeiten, entspannter leben. Pendo, 2005.
- Stephen R. Covey: *Der Weg zum Wesentlichen*. Der Klassiker des Zeitmanagements. Campus Verlag, 2007.

Seminare und Coaching

Kerstin Hack bietet regelmäßig Seminare zum Thema »Leben in Balance« (siehe Woche 1) an. Darüber hinaus arbeiten wir beide als Coaches und begleiten dich gern bei spezifischen Fragen und Herausforderungen.

www.kerstinhack.de

www.christophschalk.com